AF586008

DE

L'UNION DU CHRISTIANISME

A

LA CIVILISATION GRECQUE.

DISCOURS

PRONONCÉ A NISMES,

DANS LES TEMPLES RÉFORMÉS,

LES 18 ET 25 JUIN, ET LE 2 JUILLET 1826;

SUR CES PAROLES :

Passe en Macédoine, et viens nous secourir.

ACT. XVI, 9.

PAR J. L. S. VINCENT,

L'UN DES PASTEURS DE L'ÉGLISE RÉFORMÉE DE NISMES.

A PARIS,

Chez SERVIER, Libraire, rue de l'Oratoire, n.° 6;

ET A NISMES,

Chez GAUDE, Imprimeur-Libraire, boulevart de la Magdelaine.

1826.

Affligé de voir que notre ville n'avait presque rien fait pour les Grecs, tandis que, dans l'Europe entière, toutes les religions et tous les partis étaient unanimes dans leurs efforts pour cette belle cause, je prononçai ce discours, pour intéresser du moins le petit nombre de ceux qui devaient l'entendre.

Mais les cœurs étaient mieux disposés que je n'osais le croire. A peine le signal donné par quelques amis des Grecs, des hommes de toutes les opinions et de tous les cultes se sont réunis sur le terrain sacré de la charité.

Ce discours, fait pour être prononcé dans une église protestante, contient peut-être des raisonnemens et des vues qui ne sont bons que pour les protestans. Mais si tous les lecteurs ne les trouvent pas également solides, je me flatte que nul ne pourra s'en offenser. S'il en était autrement, j'aurais écrit contre mon intention.

Ce discours n'est pas du ton ordinaire de la chaire évangélique ; mais le sujet n'est-il pas aussi tout à fait à part de ceux qui nous occupent tous les jours ?

Un grand nombre de passages auraient eu besoin de développemens considérables ; d'autres peut-être auraient demandé des autorités. L'influence des Barbares et du Moyen-Age ne devait pas être traitée en trois lignes. Mais mon temps était limité ; et mon but n'était pas d'approfondir les questions, mais d'exciter l'intérêt par quelques vérités frappantes.

Ce discours, improvisé d'abord, ne fut écrit qu'après coup. Il peut donc s'y trouver des paroles et des phrases qui n'ont pas été prononcées en chaire, comme j'en ai dit en chaire qui ne se trouvent point ici.

DE

L'UNION DU CHRISTIANISME

A

LA CIVILISATION GRECQUE.

Passe en Macédoine, et viens nous secourir.
Act. XVI, 9.

CET ordre, donné à saint Paul dans une vision mystérieuse, marque une des époques les plus mémorables dans les annales du genre humain : je veux dire la réunion du Christianisme à la civilisation grecque. Saint Paul obéit, il quitta l'Asie pour passer en Grèce; et dès ce moment le christianisme, trouvant un sol bien préparé, fit la conquête de l'Occident.

Nos arts, nos sciences, nos habitudes morales, notre vie intérieure et publique, nos idées philosophiques et religieuses, notre littérature, nos amusemens même et nos plaisirs, en un mot, toute notre civilisation européenne moderne, ne sont que le résultat toujours croissant de la fusion du Christianisme avec la civilisation des Hellènes, qui déjà dominait l'Europe. Les causes, dont l'action s'est fait sentir après elle, n'ont eu qu'une influence partielle, qui s'affaiblit tous les jours, et qui finira bientôt par disparaître.

Accoutumés à tous les avantages, à toute la sécurité, à tous les plaisirs de cette civilisation européenne, il nous semble qu'elle est naturelle à l'homme, et qu'il n'est pas pour lui d'autre manière d'exister en société. Et pourtant, plus de la moitié de l'espèce humaine en est privée. Sans être sauvage ni même barbare, elle vit sous des lois, des mœurs et des habitudes, qui diffèrent en tout des nôtres, et dont les résultats sont entièrement opposés. L'influence combinée du Christianisme et de la civilisation grecque n'est point parvenue jusqu'à elle, et la société n'y ressemble pas plus à celle des nations européennes, que les tours et les minarets des Arabes ne ressemblent au Parthénon.

Est-ce une tâche indigne de la chaire chrétienne, que de comparer la civilisation où la Providence vous a fait naître, avec celle des autres peuples, et d'attirer votre attention sur les avantages immenses dont vous êtes comblés, peut-être sans y avoir jamais réfléchi?

Si nous faisons abstraction de l'état sauvage et de l'état de barbarie, dans lesquels vit encore une portion très-peu considérable de la race humaine, nous verrons cette race presque entière se ranger sous deux formes de civilisation bien distinctes : la civilisation européenne ou occidentale (1), et la civilisation orientale ou asiatique.

(1) Dans tout ce discours, quand je parle de l'Europe, de la civilisation européenne, j'entends les peuples de race européenne chrétienne, dans quelque partie du monde qu'ils habitent.

Établir une comparaison détaillée entre ces deux civilisations, dépasserait de beaucoup les limites de ce discours. Il faut donc que je me borne à quelques grands traits.

I. Dans la civilisation européenne règnent le respect et l'amour pour l'humanité ; dans la civilisation asiatique règne le mépris pour elle.

Je sais, et je sais trop, que, chez les peuples d'origine européenne, l'homme est loin d'être parfait. Il se montre avec les faiblesses, les passions et même les vices de son espèce. Mais, au milieu de ces imperfections des individus, il règne dans les masses un ensemble de sentimens, d'opinions et d'habitudes, qui forme les mœurs sociales, qui imprime le mouvement à tous le corps, qui gouverne même les gouvernans, et qui donne à la civilisation européenne sa direction et sa couleur. Et ce qui constitue le fonds de ces opinions générales, de ces habitudes directrices, de ces mœurs sociales, c'est le respect, c'est l'amour pour l'humanité. L'homme s'y présente toujours à la pensée de l'homme comme un être digne à la fois de respect et d'amour. De là, non seulement ces formes de politesse propres aux peuples de l'Europe, et dont le fonds, plus ou moins solide, n'est autre chose que l'expression du respect et de l'amour; mais ce besoin de la société; cette communication des peines et des plaisirs; cette humanité, cette douceur dans toutes les relations; ce désir général d'en adoucir et d'en embellir les formes; cette répugnance à faire du mal, à causer de la peine, qui va beaucoup plus loin qu'on ne pense; ces égards mutuels, ces ménagemens pleins de douceur, où des philosophes moroses n'ont voulu voir qu'un caractère efféminé, tandis que je me plais à y reconnaître la manifestation d'un sentiment d'humanité qui pénètre toutes les parties du corps social; ces établissemens nombreux ouverts à tous les genres d'infortune; ces secours puissans appliqués à tous les maux; ces moyens de développement intellectuel, de perfectionnement moral, d'instruction religieuse et de dévotion, fournis au genre humain en masse; ces lois protectrices et constantes, bases fermes et connues de l'ordre social, sur lesquelles chacun est assuré de trouver justice et protection; cette sécurité générale, qui met l'homme en paix avec l'homme, lui permet de voir toujours dans ceux qui l'entourent des frères et des amis, et lui donne la liberté précieuse de reporter sur lui-même l'attention et l'activité que partout ailleurs il serait forcé de dissiper au dehors; enfin, ce respect profond pour la vie humaine, devenu si naturel en Europe, et si rare partout ailleurs. Toutes ces choses, qui constituent le fonds de notre état social, qui lui prêtent un si grand charme, qui répandent tant de jouissances et qui consolent tant de peines; toutes ces choses, juste orgueil des Européens, ne sont que le résultat et l'expression du respect et de l'amour pour l'humanité. Elles s'affaiblissent et disparaissent, partout où manque ce sentiment généreux.

Voyez les nations de l'Asie, où ce sentiment n'existe que de nom: quel spectacle différent se présente à vos regards? Point de respect, point d'amour pour l'humanité; dès-lors point de sociabilité; point de lien commun que celui de l'intérêt ou de la force ; point d'adoucissement, même extérieur, à l'expression et aux effets de ces passions brutales qui bouillonnent dans le cœur de l'homme, quand il n'est point retenu par un amour profond pour l'humanité ; point d'égard pour l'homme comme homme, par conséquent point de ménagemens pour sa dignité, point de crainte de l'avilir, point de respect pour sa liberté, pour sa propriété, pour sa vie ; il est traité comme une chose, et non comme un être moral ; il est un instrument et jamais un but ; il est réduit, sans remords comme sans pitié, à la condition des animaux les plus vils, et, quand le maître le commande, il est honteusement dépouillé même de sa qualité d'homme, et banni tout vivant du milieu de son espèce. Les lois les plus simples de l'humanité sont violées ; les sentimens les plus chers au cœur de de l'homme, les penchans les plus irrésistibles et les plus doux sont étouffés par le plus vil intérêt ou sacrifiés aux superstitions les plus horribles. Le Turc mutile son esclave, le Chinois expose ses enfans, et le Bramine fait passer le char de son Dieu sur le corps de ses sectateurs avilis, ou brûle la veuve sur le bûcher de son époux.

Ici les détails seraient innombrables. Je n'en signalerai que deux.

N'est-ce pas à ce respect pour tout ce qui est humain, trait caractéristique de la civilisation européenne, que nous devons l'institution du mariage, remplaçant, dans toute l'Europe chrétienne, la polygamie orientale ?

L'imagination elle-même ne peut embrasser tout ce

que l'institution du mariage introduit dans la vie humaine, de paix, de calme et de douceur, tous les sentimens généreux et tendres qu'elle développe, tous les vices qu'elle prévient, toutes les vertus qu'elle fait naître, toutes les heures qu'elle embellit, toutes les peines qu'elle modifie, qu'elle adoucit, ou même qu'elle prévient à jamais, toute la dignité qu'elle rend à l'homme, tous les liens sociaux qu'elle resserre ou qu'elle crée, toute la force bienfaisante qu'elle prête à l'autorité des lois, toute la prospérité dont elle est la source pour les arts et pour l'industrie. C'est par elle que toute une moitié de la race humaine, si intéressante par le charme qui l'entoure et par tout le bien qu'elle fait, est réintégrée dans l'humanité, est portée à la place que lui marqua la bienfaisante nature, et, d'un vil instrument de plaisir, est transformée en la compagne, en l'amie, en la consolatrice de l'homme. Par le mariage, la femme vient s'associer aux travaux et aux peines de son époux, pour les soulager et les embellir; se donner à lui, sans s'avilir et sans se corrompre, parce que lui aussi se donne à elle ; et former avec lui cette société délicieuse, dont nulle autre union ne saurait donner l'idée; où deux vies viennent se resserrer en une seule ; où les vœux, les plaisirs, les affections, les intérêts, les espérances sont confondus ; où la femme est l'égale de l'homme, et lui rend, en soins et en amour, ce qu'elle en reçoit en protection et en force ; où les enfans sont une bénédiction du ciel, qui vient resserrer et embellir ces doux nœuds, et non une source intarissable de jalousies et de haines ; où ils sont soutenus, soignés, élevés dans une maison qu'ils remplissent, dont chaque membre leur veut du bien, et mourrait volontiers pour eux; où tout l'amour d'un père, toute la vie d'une mère leur sont exclusivement consacrés pour les rendre meilleurs et plus heureux. Voilà, voilà ce que le mariage assure à la presque totalité de l'Europe chrétienne; et voilà ce qu'ignorent ces peuples nombreux, sur lesquels la civilisation asiatique étend encore son joug avilissant. Point d'union conjugale, point d'élévation et de noblesse dans la femme, point d'amour et de respect dans le mari. La femme est ravalée à la condition d'un esclave, à l'état d'une méprisable propriété, et bientôt elle en devient digne par sa dégradation et son abrutissement. C'est là són dernier malheur et le plus irréparable de ses outrages. Point de famille, point d'amour paternel, point d'éducation pour les enfans. Ils sont livrés à des esclaves, en attendant de devenir esclaves eux-mêmes. Point de société ni de relations sociales; la famille en est le centre, et c'est elle seule qui peut leur prêter quelque charme. Avec le respect pour l'humanité, a disparu tout ce qui honore, tout ce qui embellit, tout ce qui vivifie, tout ce qui charme l'humanité.

L'influence de ce sentiment ne se manifeste pas moins dans les rapports qui s'établissent entre les gouvernans et les gouvernés.

L'Europe moderne présente toutes les formes de gouvernement, depuis la démocratie jusqu'à l'empire absolu d'un seul. Mais, quelles que soient ces formes, il règne au-dessus d'elles ces grands principes d'humanité, de respect pour l'homme, qui constituent la base de la civilisation européenne. Les formes varient, mais dans l'application de la force gouvernante aux individus qui lui sont soumis, les résultats sont presque partout les mêmes ; ensorte que, dans presque tous les pays chrétiens de l'Europe, l'individu est libre ; il développe à son gré ses talens et ses facultés ; il trouve à sa portée des moyens d'instruction abondans, que le gouvernement lui fournit ; il vit sous des lois qu'il connaît d'avance ; sa propriété lui est assurée ; sa vie est protégée. Quelque petit qu'il soit, mille bras se leveraient pour le protéger contre la violence et pour punir les outrages qu'il aurait soufferts. Le corps social est vraiment un corps dont tous les membres sentent les uns pour les autres. Le bien public est toujours pris en considération ; l'homme est toujours regardé comme un but. Et si les gouvernans, qui sont aussi des hommes, se permettent parfois de manquer à ce grand principe, ils lui rendent hommage encore, en colorant leur conduite par des prétextes puisés dans l'amour de l'humanité. Ce sentiment de la liberté individuelle, de l'indépendance morale, du droit et de la justice, résultat d'un respect habituel pour ces priviléges sacrés, est tellement répandu, même parmi les classes les moins éclairées, qu'un paysan, menacé d'être dépouillé par une erreur ou même par une injustice, sera toujours prêt à dire avec confiance, comme un autre l'a dit avant lui : *Il y a des juges à Berlin.* S'il est quelques exceptions à ces habitudes mutuelles des gouvernans et des gouvernés, qui, dans les Etats les plus absolus de l'Europe, laissent à l'homme sa noblesse et sa dignité, elles se trouvent peut-être dans les pays où fermente encore un levain asiatique, ou bien dans ceux où des causes, semblables à celles qui ont avili l'Asie, ont agi pendant trop long-temps. Aussi, cette sécurité, cette protection générale, cette libre disposition de la propriété, cette indépendance individuelle, qui constituent le fonds des mœurs politiques des européens, ont-elles partout marqué leur influence par la prodigieuse multiplication de l'espèce, par l'augmentation incalculable de tous les produits agricoles, par la profusion de tous les objets nécessaires à la vie, par l'amélioration toujours croissante de tout ce qui embellit l'extérieur de l'existence, en un mot, par cet ensemble de prospérité qui fait que le même terrein nourrit plus de monde et les nourrit mieux, que dans les pays où ces avantages politiques sont inconnus. Sortez de l'Europe, où cette sécurité opère tant de merveilles; parcourez ces régions de l'Asie, jadis si belles, mais où, depuis des siècles, cette sécurité n'existe plus; vous y verrez les hommes traités comme de vils troupeaux, sans respect pour leur indépendance individuelle, sans garantie pour leurs droits, sans protection pour le présent, sans sécurité pour l'avenir. Le maître les regarde comme sa propriété; il les gouverne pour lui et non pas pour eux; il en tire sans pitié tout ce qu'ils peuvent rendre; il les livre, pour de l'argent, à de farouches délégués, qui ne songent qu'à les dépouiller pour s'enrichir, en attendant le fatal cordon ; qui pillent, qui tuent, qui dévorent; qui font plus de mal encore par ce qu'ils étouffent que par ce qu'ils ravissent. Le peuple, fatigué de ne travailler que pour ses bourreaux, ne travaille plus ; il ne sème point, car il n'est pas sûr de recueillir; les champs demeurent en friche, le commerce languit, le peuple meurt de faim, la population disparaît ; et le voyageur étonné parcourt de vastes plaines, jadis si florissantes et si fertiles, sans y trouver un seul hameau. Le chackal établit sa demeure sous les débris des palais ; le hibou pousse son cri lugubre du sommet d'une colonne de marbre ; le serpent roule ses replis sous l'autel du Roi des Dieux ; et à peine, dans une année, le pâtre, seul habitant de ces déserts, vient-il planter sa tente devant ces immenses ruines, et montrer une figure humaine à ces lieux, que les lois et la liberté avaient peuplé jadis de cent mille habitans, riches, éclairés et heureux.

Ainsi méprisée, ainsi foulée dans ses droits les plus sacrés, faut-il s'étonner que l'humanité s'arrête dans sa marche vers la destination où l'appellent ses facultés, et dont elle approche tous les jours dans les pays où elle est secondée et respectée ? Aussi, l'expérience prouve-t-elle qu'une autre différence fondamentale entre la civilisation européenne et la civilisation asiatique, c'est, II. que l'une est stationnaire, tandis que l'autre est progressive.

Les peuples asiatiques, occupant des pays que l'histoire nous induit à regarder comme le berceau du genre humain, sont arrivés, dès avant les temps historiques, à un degré de civilisation assez avancé; ils en étaient en possession lorsque les peuples occidentaux et les Grecs eux-mêmes n'étaient encore que des barbares. Mais, par une singularité remarquable, après ces premiers progrès, dont l'origine se perd dans la nuit des temps, tous ces peuples sont demeurés stationnaires quand ils n'ont pas rétrogradé. Sous des climats opposés, sous des institutions diverses, avec des habitudes toutes différentes, dans l'abondance ou dans la misère, dans les vallées fertiles ou dans les déserts, ces peuples se sont toujours ressemblés par un grand trait : ils ont été stationnaires dans l'état où l'histoire nous les a montrés dès ses premières pages, et l'*immobile Asie* est une épithète dont on n'a jamais contesté la justesse. Quelques circonstances extraordinaires, quelques grandes révolutions ont paru quelquefois bien près d'imprimer à cette masse inerte un mouvement progressif; mais l'immobilité séculaire a toujours fini par triompher de ce mouvement passager, comme les rochers des Alpes résistent au marteau du voyageur, dont les efforts impuissans peuvent à peine en détacher un fragment inaperçu, ou comme l'océan se joue du corps léger dont un faible sillon marque à peine la trace, l'engloutit ou le repousse vers ses rivages, et reprend bientôt après sa surface unie et son éternel niveau.

Tout n'est pas égal dans cette immobilité; tous les peuples qu'elle a, pour ainsi dire, pétrifiés ne sont pas également malheureux. Tous ne partagent pas les mêmes privations, les mêmes vexations, la même ignorance brutale; mais tous sont glacés par une immobilité qui paraît éternelle, et c'est assez pour les dégrader et les avilir. L'humanité s'y dépouille peu-à-peu de ses plus belles prérogatives; presque partout sa vie devient purement animale, même dans les lieux où le climat invite le plus à la contemplation. Plus d'activité dans les idées, plus de mouvement dans les esprits, plus de progrès dans les arts. Ou les hommes sont parqués en castes, dont une seule se réserve la méditation et la pensée, et à force d'offusquer pour les autres le jour intellectuel, finit par le perdre elle-même : tels les mandarins de la Chine, les bramines de l'Inde, les prêtres de la Chaldée et de l'Egypte; ou bien toute la masse est ignorante, et s'énorgueillit brutalement de son ignorance et de son immobilité. Incapables de goûter les plaisirs nobles et purs de l'intelligence, les hommes s'attachent avec fureur et sans mesure aux plaisirs grossiers, fournis par la seule chose qui soit toujours la même dans l'homme, les sens; et une lasciveté sans délicatesse et sans frein est pour eux presque l'unique source de jouissance. Les facultés plus nobles de l'âme dont le siége est la volonté, ces facultés par lesquelles l'homme devient, à juste titre, le roi de la création, parce qu'il devient capable de vertu et d'immortalité, demeurent sans exercice et finissent par s'oblitérer. Une soumission passive, fruit de l'avilissement et de l'esclavage, demeure la seule vertu, et le fatalisme étouffant devient la seule religion. Quelques récits fantastiques pour amuser d'insupportables loisirs, quelques accens de volupté toujours les mêmes parce que les sens seuls les inspirent, sont les uniques produits de l'intelligence de l'homme, dans sa longue immobilité, comme le despotisme et la servitude, la dévastation et le carnage sont les seules révélations de son cœur.

Quel spectacle différent présente à nos regards la civilisation européenne ! L'esprit et le cœur de l'homme y sont en possession de leurs droits; ils agissent avec une liberté dont quelques tentatives infructueuses n'ont jamais pu les priver; et des progrès constans ont couronné leurs constans efforts. Depuis les premiers siècles de la Grèce jusqu'à nos jours, jamais, dans notre occident, l'humanité ne fut entièrement stationnaire. Elle a eu diverses phases, elle a suivi diverses directions, qui toutes ne lui furent pas également favorables ; mais toujours elle a marché, toujours elle a cherché le mieux et s'est efforcée de l'atteindre. Des causes puissantes, et surtout son contact avec les barbares de l'orient et du nord, ont suspendu sa marche progressive, souvent même l'ont rendue rétrograde. Mais ce principe d'activité, qui la distingue, s'est aussitôt remis au travail; il a promptement réparé ses pertes et retrouvé toute son énergie, comme la force mystérieuse de la jeunesse surmonte les maladies, cicatrise les blessures, tourne tout à son profit, et donne enfin au corps et la grâce, et la force, et la stature à laquelle il doit parvenir. Un progrès s'ajoute à un progrès, pour devenir à son tour le principe d'un autre plus grand. Une découverte s'ajoute aux découvertes anciennes pour arracher à la nature quelques-uns de ses secrets, ou fournir à l'homme de nouvelles sources de jouissances. Les procédés des arts se perfectionnent et se simplifient. Les produits en deviennent plus abondans, plus solides et plus beaux. L'homme y travaille par son intelligence encore plus que par ses bras; il semble retrouver, enfin, le rôle que lui donna le créateur, celui de commander à la nature par sa raison et par sa volonté. Multipliés à l'infini, par des perfectionnemens toujours nouveaux, les produits des arts utiles vont embellir l'existence des classes les moins fortunées, et se font jour jusque chez les peuples, qui repoussent les progrès et la liberté dont ils sont le fruit. L'esprit, dans son activité toujours croissante, interroge cette nature mystérieuse que lui révèlent les sens. Il tâtonne long-temps sans doute, mais il avance toujours en corrigeant ses erreurs, et trouve de temps en temps, comme une récompense digne de lui, quelques-unes de ces lois primordiales, auxquelles l'éternelle sagesse a soumis la marche de l'Univers. Il se replie sur lui-même; il analyse les procédés de son intelligence; il interroge les mystères de sa volonté; il sonde les profondeurs de sa conscience; il s'élance hors de l'espace, pour trouver la cause première que l'espace ne saurait contenir; et dans ces nobles exercices, dont il accumule les résultats, il acquiert une élévation et une force, dont les plus habiles sont à juste titre étonnés. Il se perfectionne lui-même; il perfectionne la famille; il perfectionne la société; il développe et améliore sans cesse les institutions publiques. Et pour se délasser de ces travaux renouvelés sans cesse et jamais achevés, il invente ou il perfectionne ces nobles arts, qui ajoutent à la vie intellectuelle tant de douceurs et tant de charmes; produits de l'intelligence; plaisirs éthérés de l'imagination et du sentiment; peinture toujours reproduite et toujours neuve de la nature extérieure et des profondeurs de l'âme, des réalités et des idées, de ce que l'homme voit et de ce qu'il pressent, de ce qu'il possède et de ce qu'il désire, de ce qui est et de ce qui devrait être. Sous le ciel et sous la liberté de la Grèce, ces beaux arts prirent leur essor; ils arrivèrent promptement à une perfection dont nous sommes encore étonnés, et l'esprit humain sembla n'avoir plus d'autre tâche que celle d'imiter des chefs-d'œuvre qu'il était incapable de surpasser. Mais ce mouvement progressif, imprimé aux peuples occidentaux, par les habitudes et la civilisation de la Grèce, ouvrit bientôt des champs nouveaux à la pensée, et aux arts de nouvelles richesses. A côté des beautés grecques, si simples et si pures, apparurent bientôt d'autres beautés, ou plus grandes, ou plus sentimentales, ou plus profondes. A côté du temple grec, avec son élégante colonnade, s'éleva l'amphithéatre romain avec sa majestueuse grandeur, et bientôt la mystérieuse église gothique où l'imagination se plait à errer. A côté des chefs-d'œuvre si beaux et si calmes de la sculpture antique, se montrèrent les chefs-d'œuvre ravissans de la peinture moderne. A côté de ces poëmes, où un siècle grossier mais fort avait imprimé son caractère et semé tant de mâles beautés, se montrèrent bientôt d'autres poëmes, expression et délices d'une civilisation plus avancée, où le cœur humain révéla quelques-uns de ses sentimens les plus doux, où l'esprit élevé dans une plus haute région consigna quelques-unes de ses plus touchantes rêveries. A ces jeux du théâtre, si simples, mais si attendrissans dans la Grèce, succédèrent plus tard d'autres jeux, où l'homme fut peint plus en grand, où l'on pénétra plus avant dans ses affections les plus secrètes, où sa nature se montra si embellie, si agrandie, sans cesser d'être elle-même. Depuis vingt-cinq siècles, toujours actif, toujours réfléchi, toujours infatigable, l'esprit humain a travaillé sans relâche à multiplier et à varier les jouissances qu'il se procure à lui-même. Dans les choses les plus graves, comme dans les plus légères, il a déployé une force productive, une puissance créatrice et ordonnatrice, qui ont justifié ses prétentions à une éternelle durée, qui ont embelli, ennobli, purifié, agrandi son existence terrestre, et l'ont rendu capable d'en posséder une meilleure. Nous vivons au milieu de ces progrès; nous sommes entourés de leurs résultats; tout ce que nous possédons, tout ce que nos pères nous ont transmis, tout ce que nous avons acquis nous-mêmes, pour le corps, pour l'esprit et pour le cœur, en est le fruit et la conséquence. Et si nous n'en sentons pas bien toute la valeur, c'est que dès-longtemps ils se sont identifiés avec nous-mêmes, et qu'en les goûtant tous les jours, nous ne songeons pas plus à eux qu'à l'air qui soutient notre vie.

Tels sont, à notre sens, les principaux traits qui distinguent la civilisation européenne de la civilisation asiatique. Beaucoup reste à dire sans doute ; une foule de détails viendraient ici corroborer l'impression produite par les masses auxquelles nous avons dû nous arrêter ; et de ce vaste ensemble, résulterait dans notre âme un sentiment de reconnaissance et de bénédiction pour le Dieu qui nous a fait naître sous le plus bienfaisant et le plus doux de ces deux systèmes sociaux.

En réfléchissant à cette opposition si profonde et si singulière, on se demandera peut-être quelle en est la première cause ; mais je n'ai pas la prétention de répondre à une question aussi compliquée. Ce n'est point le climat, car tous les climats se rencontrent en Asie, et tous les climats ont été tour à tour traversés par les arts et par la liberté. Ce n'est point la nourriture, ce n'est point la détresse ou l'abondance, la population ou la solitude ; en général, ces choses-là sont effet et non pas cause. Mais, si j'ose hasarder une conjecture, je dirai qu'une des principales causes qui ont donné à l'Asie son immobilité et son mépris pour les hommes, c'est le régime sacerdotal auquel elle n'a cessé d'être soumise, et qui a tout étouffé sous sa main de plomb. De là les castes ; de là la servitude de la pensée ; de là l'immobilité de l'esprit et par conséquent des arts et de l'industrie ; de là cette tyrannie brutale et dévastatrice dont le sacerdoce asiatique s'est toujours porté le défenseur pour s'en faire un instrument. Presque partout et toujours la civilisation européenne fut à l'abri de cette fatale influence ; et si par fois elle y fut soumise en partie, au même degré , elle devint ressemblante à la civilisation orientale.

Mais dans cette civilisation européenne, déjà si belle par ce qu'elle donne, et mille fois plus belle encore par ce qu'elle promet à l'avenir du genre humain, qu'est-ce qui appartient à chacun des deux élémens qui l'ont presque en entier composée? Qu'est-ce qui appartient au Christianisme? qu'est-ce qui revient à la civilisation grecque ?

Cette recherche est délicate, elle touche à des idées auxquelles les hommes donnent avec raison une grande importance : il faut faire la part des choses saintes, il faut faire la part de celles qui ne le sont pas. Nous osons à peine l'entreprendre, certains d'avance de n'accomplir qu'en partie une tâche aussi difficile.

Remarquons d'abord combien, dans une telle recherche, il est facile d'être injuste envers le Christianisme. La civilisation d'un peuple consiste dans ses arts, ses habitudes intérieures, son gouvernement et ses mœurs sociales, en un mot dans les choses qui se voient; et le Christianisme exerce surtout son influence dans les choses qui ne se voient point. Il prend les habitudes sociales comme elles sont; c'est le cœur seul qu'il veut changer; il est l'ouvrage de celui qui dit aux enfans de la terre : *Mon royaume n'est pas de ce monde.* Quand il a purifié le cœur, en y réveillant le sentiment du devoir et la haine du vice; quand il a ennobli l'âme par des espérances qui l'élèvent au dessus de tous les intérêts et de toutes les passions de la terre, par des affections qui l'exaltent et la sanctifient; en un mot, quand il a fait de l'homme *un bourgeois des cieux*, sa tâche est remplie; mais cette tâche est digne d'un Dieu. Il ne s'inquiète point des habitudes extérieures, ni de l'ordre politique, qu'un miracle perpétuel pourrait seul maintenir sans cesse dans un état de perfection. Le Christianisme a donc fait beaucoup de bien, dans tous les siècles qui ont suivi sa naissance, sans que le monde l'ait connu, sans que l'histoire ait pu le recueillir, dans le temps même où elle racontait aux générations futures les travers de ses ministres. C'est dans les profondeurs de l'âme que le Christianisme exerce sa plus puissante influence et répand ses plus précieux bienfaits. Des milliers d'individus, dans tous les siècles, les ont goûtés en silence, en ont embelli leur vie sans éclat et sans bruit; et, dans l'estimation de ce que l'Europe doit au Christianisme, c'est une quantité inconnue mais immense, qu'il faut ajouter à ce que l'histoire nous permet d'apprécier.

Après cette remarque essentielle, et dont les vrais Chrétiens sentiront mieux que personne toute la portée, je puis me hasarder peut-être à dire que presque tout ce qui constitue l'extérieur de notre civilisation européenne me paraît appartenir à l'ancienne civilisation grecque. C'est donc à elle que je crois devoir rapporter la répression du pouvoir sacerdotal, et par conséquent l'esprit de liberté, d'indépendance intellectuelle, la marche progressive des arts, des sciences, de la littérature et de l'industrie dans les temps modernes. Si les habitudes des peuples eussent été favorables à l'établissement du pouvoir sacerdotal, les Prêtres Chrétiens n'auraient pas manqué de le saisir, car ils étaient hommes, et l'Europe aurait partagé l'immobilité de l'Asie. C'est donc à la Grèce que j'attribue l'esprit d'invention, d'amélioration et de progrès, qui distingue l'Europe et lui promet un si bel avenir ; c'est à la Grèce en particulier qu'il faut attribuer ce goût des beaux arts, ce besoin des jouissances intellectuelles, des recherches et des plaisirs de l'esprit, qui honorent la race humaine et combattent avec tant d'avantage les passions brutales de la sensualité qui avilissent les orientaux. C'est à la Grèce que j'attribue encore ce besoin de l'indépendance morale, de la liberté individuelle, cette fierté de l'homme qui sent sa valeur, ce respect pour soi-même, en un mot, qui est la base de toute vertu et le premier pas vers ce respect pour tout ce qui est homme, noble but auquel le Christianisme a voulu conduire l'humanité toute entière. C'est à la Grèce aussi qu'il faut attribuer peut-être cette institution du mariage, cette loi de la monogamie, à laquelle l'Europe moderne doit une si grande portion de ses qualités sociales et de son bonheur domestique; du moins le Christianisme semble ne l'avoir imposée qu'aux évêques, et encore comme une loi de circonstance, ne voulant pas, en cela plus qu'en autre chose, s'immiscer dans les institutions civiles, parmi lesquelles est certainement le mariage. Enfin, c'est à la Grèce que nous devons peut-être le Christianisme lui-même, qui seul vaut beaucoup mieux que tout le reste ; car c'est un fait attesté par l'histoire, que le Christianisme n'a jamais pu mordre sur les peuples que la civilisation grecque n'avait pas déjà préparés, et qu'il fut toujours exclu des pays soumis à la civilisation, ou plutôt à la barbarie asiatique. — Au Christianisme est due une seule chose peut-être ; mais elle est la plus importante de toutes. A lui est dû l'amour de l'humanité, ce sentiment généreux qui triomphe de l'égoïsme, qui fait sortir l'homme de lui-même, de ses intérêts, de ses passions et de ses plaisirs, pour l'attacher à ce qui n'est pas lui, pour l'unir à la grande famille humaine comme à sa propre famille, pour lui inspirer la grande idée de dévouement et de sacrifice. Il n'a pas créé ce sentiment qui dormait dans l'âme humaine, mais il l'a réveillé, il l'a rendu dominant, il l'a popularisé, en un mot, il l'a introduit dans la vie pratique, et par lui, il a imprimé à la civilisation moderne un caractère de douceur et de spiritualité qu'ignorait même la Grèce ancienne. Il a fini par triompher des haines et des préjugés nationaux, dont la Grèce fut si long-temps tourmentée, et par dissoudre des institutions inhumaines, que la Grèce garda long-temps dans son sein, et que les peuples Chrétiens avaient aveuglément conservées.

Vous n'avez pas besoin qu'on insiste auprès de vous, Chrétiens, sur ce que vous devez au Christianisme. Dès long-temps vos cœurs en sont pénétrés, et ces murs ont souvent retenti de vos hymnes d'actions de grâces. Mais, si plusieurs d'entre vous n'y avaient point réfléchi, ils sauront maintenant ce que vous, et nous tous, et toutes les nations européennes, et ce nouveau continent qui se peuple de leur race, et ces myriades qui sont encore à naître, doivent et devront à cette belle civilisation grecque, mère des arts et des sciences, qui rend à l'homme son indépendance et sa dignité, et lui assure pour l'avenir les plus glorieuses destinées.

Après une longue trève, la barbarie asiatique a renouvelé une guerre à mort contre la civilisation européenne et contre le Christianisme, sur le sol même de cette Grèce, dont l'ami de l'humanité ne peut entendre prononcer le nom sans un sentiment de reconnaissance et d'amour. C'est une guerre excitée, d'un côté, par le despotisme et la barbarie; de l'autre, par le désespoir qui termine enfin une longue patience dans d'intolérables abus. Traités comme les plus vils esclaves, réduits à la condition des brutes, méprisés, frappés, sans droits pour le présent, sans sécurité pour l'avenir, n'étant maîtres ni de leur travail, ni de leurs biens, ni de leurs enfans, ni de leurs femmes, ni d'eux-mêmes, les Hellènes, abattus et avilis, se sont enfin souvenus qu'ils étaient les descendans de ces Hellènes généreux, qui jadis résistèrent à l'Asie, et finirent par la conquérir. Ils ont demandé la protection et des lois; on leur a répondu par des massacres, et l'on a cloué aux portes du sérail les têtes vénérables de leurs évêques les plus chéris. Un cri de douleur s'est fait entendre dans toutes les îles et sur le continent de la Grèce, et l'excès de l'oppression et de la barbarie a fait retrouver à ce peuple, long-temps avili, long-temps méprisé, long-temps foulé, son courage et son énergie. Une guerre s'est allumée, féroce, épouvantable, horrible ; une guerre d'extermination, comme le sont toujours les guerres de race à race, de religion à religion, d'esclaves à maîtres. Et il faut bien que l'oppression ait été violente, les abus intolérables, le mépris accablant et les cruautés inouies, pour qu'une poignée d'hommes, sans armes, sans argent, sans discipline, sans chefs, ait osé lever l'étendard contre un empire puissant dans sa décadence, et dont tous les membres sont animés à la fois par l'orgueil de la conquête et par le fanatisme politique et religieux. Mais les Hellènes, attaqués par des essaims d'ennemis, ont retrempé leurs âmes par le souvenir de leurs glorieux ancêtres, et par leur zèle indomptable pour la religion de Jésus. Ils ont fait voir encore une fois à l'Europe étonnée, le courage de Léonidas et celui des premiers martyrs; ils ont renouvelé leur gloire; et, s'ils succombent, l'histoire ne dira pas avec moins d'admiration cette lutte héroïque, que celle dont on nous a si souvent entretenu dans nos jeunes ans. L'âme s'attriste, le cœur se soulève, les chairs frissonnent et les cheveux se hérissent au récit des horribles cruautés dont ce peuple est la victime, et des actes de courage auxquels il s'élève dans sa longue résistance. — Voyez-vous cette fumée qui s'élève du sein des mers? c'est une île florissante, le paradis de la Grèce, où soixante mille chrétiens trouvaient l'abondance et la paix, parce qu'ils étaient la propriété d'une femme. Approchez. Quel spectacle frappe vos regards!

Les champs sont dévastés, les villes et les villages sont en cendres, et cinquante mille Grecs, surpris au sein de la paix et de l'obéissance, jonchent de leurs cadavres ces rivages désolés. — Voyez-vous ce navire cinglant du côté du midi ? entendez-vous les cris déchirans, les gémissemens profonds qui frappent les airs ? C'est la population d'un village tout entier, que l'Egyptien barbare, après avoir massacré les guerriers, a fait saisir, pour peupler ses horribles déserts. Les femmes, les vieillards et les enfans s'avancent vers la terre de l'esclavage en pleurant leur chère patrie et leurs amis qui ne sont plus. Dieu ! n'est-ce pas la langue d'Europe que parlent leurs infâmes conducteurs ? — Voyez-vous cette longue file de femmes, dont les pleurs ont terni les yeux naguères si vifs et si doux, dont le chagrin a creusé les joues naguères si brillantes de jeunesse ? Ce sont des vierges, qui, moins heureuses que leurs pères et l'époux destiné pour elles, ont été sauvées du massacre de leur village, pour être prostituées à la lubricité de leurs ennemis et de leurs bourreaux. La chair chrétienne est devenue à vil prix ; les marchés de Constantinople et du Caire en sont encombrés. On vend les chrétiens hellènes parce qu'on est las de les tuer, et on les massacre encore parce qu'on ne peut plus les vendre. — Entendez-vous sur ce rocher stérile ce chant naguères consacré au plaisir et à la joie ? Ce sont des vierges, des épouses et des mères, que leurs pères et leurs époux défendent encore, par un dévoûment héroïque, contre leurs farouches ennemis. Elles ont reculé devant l'outrage et le déshonneur, jusqu'à la cime de ce roc qui penche sur un abîme, et là, se prenant par la main, dans l'enthousiasme de la religion et de l'honneur, elles ont entonné le chant de leur patrie, elles ont fait en rond une danse lugubre, et quand chacune d'elles est arrivée à son tour au bord de l'abîme, elle s'y est précipitée, pour trouver au pied cet asile inviolable, que la mort ne refuse jamais à ceux qui souffrent. Et quand le Turc, après en avoir fini de leurs défenseurs, arrivera pour saisir sa proie, il ne verra, dans une profondeur immense, qu'un monceau de cadavres, objet de tristesse et de pitié, si la pitié pouvait entrer dans son âme. — Voyez-vous cette ville, où une poignée de soldats repousse des milliers de barbares? Privations, fatigues, dangers, ils bravent tout pour leur patrie, tout pour leur liberté, tout pour leur religion; et quand tout leur manque, quand leur forces sont épuisées par la famine et par les combats, ils font un dernier effort, un dernier sacrifice; ils s'ensevelissent sous leurs propres ruines, avec leurs femmes et leurs enfans, qu'ils sauvent de l'esclavage, avec une foule d'ennemis qui trouvent la mort dans la victoire. Psara! Missolunghi! noms tristes et chers, dont le souvenir vivra toujours dans les âmes généreuses, comme un monument des plus nobles vertus, des plus horribles souffrances et des plus infâmes cruautés, où l'espèce humaine puisse atteindre; sera-ce en vain que vous retentirez à l'oreille d'Européens et de Chrétiens, qui doivent tout peut-être à cette Hellade que vos héros n'ont pu sauver, et n'exciterez-vous dans leur âme qu'une émotion vaine, une admiration stérile ? Non. Tous les peuples de l'Europe sont frères. Oubliant leurs anciennes et fatales rivalités, les hommes de tous les pays chrétiens ont appris à se réunir et à s'entendre pour les intérêts du Christianisme et de l'humanité. Si la crainte d'allumer un incendie plus destructeur encore que celui dont nous avons vu les dernières étincelles, retient dans le repos les Rois chrétiens de l'Europe, partout du moins le cri des Hellènes s'est fait entendre aux cœurs aimans et généreux. De tous les points de l'Europe, des secours leur ont été tendus, pour les aider dans leur lutte mortelle ou pour adoucir leurs désastres; et la ville qui fut long-temps l'honneur de la réformation s'est distinguée au dessus des autres, par la promptitude et l'étendue de ses dons. Et nous, que la Providence a comblés de tant de grâces, nous, qui pouvons si bien comprendre tout ce que nous devons à la Grèce, serons-nous les derniers à répondre à cet appel ? serons-nous les seuls à ne pas l'entendre ? Nos pères ignorans et grossiers quittèrent jadis leur patrie, leurs femmes et leurs enfans, pour aller conquérir un sépulcre vide, honneur vain rendu à celui qui règne déjà dans les cieux, et peut-être pour repousser de l'Europe chrétienne ces essaims de mahométans et de barbares qui, plus tard, en envahirent les plus belles contrées. Et nous, que la barbarie asiatique serre de plus près, qu'elle vient presque toucher à l'Orient, tandis que ses cendres éteintes se réchauffent vers le midi! nous, Chrétiens! nous, hommes libres sous la Charte! nous, qui nous flattons de marcher à la tête de la civilisation, et qui du moins y occupons un des premiers rangs, verrons-nous sans regret tomber ce peuple généreux, dernier germe de civilisation et de Christianisme dans la plus belle contrée de l'Europe, germe précieux, dont le développement pourrait vivifier encore et réunir à l'Europe civilisée et chrétienne ces belles contrées de l'Orient, si riches en souvenirs, si fécondes en fruits et en héros? Non, les malheurs de la Grèce nous feront mieux sentir combien sont étroits les liens qui nous unissent à elle. En retournant dans nos demeures, nous y rapporterons la mémoire de ses bienfaits et de ses malheurs. Le négociant songera que c'est à elle qu'il doit cet esprit de progrès dans les arts, source féconde d'industrie et de richesse, et peut-être cette indépendance individuelle, cette sécurité sous des lois impartiales et humaines, sans lesquelles le commerce et l'agriculture ne sont plus que de vains mots. L'artiste, en donnant et en goûtant lui-même les plaisirs purs des beaux-arts, se souviendra, plein de reconnaissance, qu'il les tient de la Grèce souffrante. Le littérateur, en savourant avec délices les admirables beautés des poètes, des orateurs et des philosophes de la Grèce, éternel modèle dans le plus noble des arts, se souviendra que cette langue, admirable chef-d'œuvre de l'esprit humain, ne donne plus que des cris de détresse et des accens de désespoir. L'épouse, en rentrant sous le toit conjugal pour y prendre cette place de confiance et d'amour que nos mœurs lui assurent, en embrassant un époux dont elle est l'égale, des enfans qu'elle possède en entier et qu'elle élève autour du foyer domestique, sans gêne et sans bassesse, pour les rendre dignes un jour du bonheur dont elle jouit elle-même, l'épouse se souviendra que c'est à la Grèce peut-être qu'elle doit ce bonheur plein de dignité, et que, sans l'exemple de ce pays, réduite à la condition d'esclave, dégradée en un vil instrument de plaisir, elle n'aurait ni époux, ni enfant, ni maison, ni dignité, ni espérance. Et dans ce temple même, le Chrétien, plein des idées sublimes, des doux sentimens, des affections pures, des vertus célestes, des espérances ravissantes, que le vrai Christianisme porte avec lui dans le fond de l'âme, ne voudra point renvoyer plus loin de prêter aux Grecs le premier secours qu'il puisse leur tendre, celui de ses ferventes prières. — Dieu notre Père, entends les vœux de tes enfans affligés ! Dieu de constance et d'éternité, ne laisse point briser l'instrument dont tu t'es servi pour répandre sur la terre tes plus admirables bienfaits ! Dieu des lumières, ne laisse point l'ignorance et la barbarie envahir la terre classique des arts et de l'intelligence ! Dieu de la sainteté, ne laisse point la souillure et le vice s'assouvir sur l'innocence et la pureté ! Dieu des armées, déclare-toi pour le faible et pour l'opprimé ! Dieu des Chrétiens, sois pour les soldats de la Croix, pour les disciples de ton Christ ! Amen.

www.ingramcontent.com/pod-product-compliance
Lightning Source LLC
LaVergne TN
LVHW052013160826
845678LV00003B/1039

* 9 7 8 2 3 2 9 6 4 7 6 3 0 *